풀꽃의 기억

인문학 시인선 046

풀꽃의 기억
은월 김혜숙 제4시집

제1쇄 인쇄 2025. 10. 20
제1쇄 발행 2025. 10. 25

지은이 은월 김혜숙
펴낸이 민윤식
펴낸곳 인문학사

등록번호 제 2023-000035
서울시 종로구 종로19(종로1가) 르메이에르빌딩 A동 1430호
전화 : 02-742-5218

ISBN 979-11-93485-43-9 (03810)

ⓒ은월 김혜숙, 2025
Printed in Seoul, Korea

*잘못 만들어진 책은 본사나 구입하신 서점에서 교환하여 드립니다.
*이 책은 저작권법에 의해 보호받는 저작물이므로 저작자와
 출판사의 서면동의 없이는 무단 전재와 무단복제를 금합니다.

인문학 시인선 046

은월 김혜숙 제4시집
풀꽃의 기억

인문학사

시인의 말

시간을 타고 가는 날이 항상 불안했습니다
내 지난 길이 조금 부끄럽고 반성이 되고
살아온 날 아득한 것이
내밀한 슬픔이
가끔씩 가을날 무르익은
결실의 상처를 어루만지며
이 묶음들이 가슴과 머리 안에서
살다 나온 나의 시처럼
애틋하고 안쓰럽습니다

이제 시와 시에 맺음의 마무리를
다듬어 보다가 점점 두려움만 가득
또 한 권을 조심히 내밀어봅니다

                    2025 가을에
                    은월 김혜숙

contents

시인의 말 005

제1부

오롯이 사랑하며 살겠습니다 012
무지개여야 하는 일 013
다 같은 울림이 아니라 하니 014
편하게 살아요 015
호수도 아플 때 있다 016
인생 그렇게 살지마 018
소리 품질 020
이미 사랑이었다 021
손 022
가시에 찔리고 024
행복한 건 026
용서의 시간 027
노숙의 날들 028
일흔 이후 029
까치 030
재림하는 사람들 031
겨울이 왔습니다 032
날마다 상처가 날 키웁니다 033
맨발 걷기하면서 034
시의 창 036
동구릉 035

세상 시간 속도 038

구리시에 오시걸랑 040

사직동 044

종로거리에서 046

울산역에는 기다림이 산다 048

무명 050

몰랐던 날들 051

하루가 있다 052

다시 꽃 피는 날 053

제2부

너와 나의 동백꽃 056

다 계획이 있다 058

우리의 봄을 막지 마십시오 059

먼저 온 꽃 060

아름다운 풍경 061

매화 052

봄이면 된다 053

풀꽃에게 054

살구꽃 아래 055

모처럼 봄 길 056

여차 저차 진달래 피었네 057

내게 온 제비꽃 058

나의 수선화 059

강변의 봄 070

꽃 죄인 071

창포원에서 072

왔다 花 073

벚꽃 074

사월 076

우리 그러더라도 꽃 하자 078

불두화 079

이른 아침 양평 080

5월이네 082

꽃 이별 그 속도전 083

꽃, 내게 남을 사랑 084

이명 086

꽃씨 087

제 3부

풀꽃의 기억 090

당신인가 092

수레국화 093

작약꽃 094

카네이션 그 꽃 096

여름날 표정 097

그 마당이 환하네 098

외침 099

거기까지였다 *100*
소음 *102*
여름의 끝 *103*
내 속에 너를 두고 *104*
찔레꽃이 핀 이유 *105*
찔레꽃 *106*
선유도 *108*
마량포구에서 *109*
그 바다는 무어라 하는지 *110*
곡우 *111*
고구마 순의 하소연 *112*
늦 수박 *113*
서녘 하늘 붉게 타고 *114*
한쪽 날개 *116*
아슬아슬한 승부 *117*
빗자루의 내력 *118*
사랑은 비를 타고 *119*
숲 *120*

제 4부

그리움의 깊이는 갈수록 *122*
이별도 외설하고 *123*
모든 것은 순간 *124*
깊어지고 깊어 가는 *125*

가을 소식 126

가을에 보낸 편지 127

가을 푸른 마당 128

그러하다 129

견디어가며 사는 일 130

천일홍은 피고 창공은 짙푸르고 131

나의 가을 나무 132

당신의 가을을 묻습니다 133

당신과 나의 계절 134

물의 정원 136

메밀꽃 137

모든 것은 순간 138

배나무 139

모란공원에서 140

세상에 없는 나무 142

잎새에 걸린 미련들 143

가을 빛 저녁 놀 144

홍시 145

가을 단상 146

나도 가을처럼 147

가을 끝자리에서 148

반딧불 149

평설
종심從心을 성찰하는 풀꽃의 시/나호열 151

제 1 부

오롯이 사랑하며 살겠습니다

세상에 그 모든 것중 내 것은 나름 책임지려고 애쓰는데

새는 책임지지 않는 가는 다리로 전깃줄에 앉아
배설물 아무렇지 않게 내던지며 지저귀는 것이고

들짐승은 무지렁이처럼 눈치 보지 않을 뿐
그저 먹거리 노려보며 텃밭을 헤치고 갔다

그런 뒤 허망하던지 속 끓여야 할지를
생각하다 애써 텃밭에 풀을 뽑다 두둑 안에
든 알갱이나 가지에 열린 작물은
오롯이 이미 이 세상 함께라는 것이었으니
서로 나누어야 한다는 것을 알았다

이 모든 것이 어디서 온 것이더냐 하신 그 말씀
태초에 너와 나에게서 이어진 생명을 잇는 공간 아닌가

배냇 속부터 내린 말씀 태초의 주인이
내게 주신 심장 박동 이처럼 잔잔히 아직도 뜀에
당신께서 주신 나눔으로 항상 감사하고 삽니다

무지개여야 하는 일

어린 날 비가 내린 뒤 보인 상징

일곱 가지 꿈이 찾아오고
바로 눈앞에 그 크레용 케이스
안에 있는 그것들이 두두둥 떨면서
심장에서 실컨 놀다가
반원을 그리더니
어린 나에게 강요했다

일곱이란 그 보물 같은 꿈을 그려야 했고
막연히 일곱 가지를 갖길 겁 없이 덤볐다

그런데 어른이 되고 보니
그것은 연기 같은 것이고
허황되고 허무한 무지개여야 했는지

그것이 하는 일이 무엇인지
뚜렷한 무엇이 없었다는 것

그냥 나면 되고
내 힘이 내 것이고
내 안에 모든 것이 다 무지개였다는

다 같은 울림이 아니라 하니

당신이 위대하게 설립한 것은
내가 감히 범접 못함이라 해도

내가 어설프게 누더기로
세운 것은 부숴 버려도
누가 뭐라 하지 않음이요

당신은 위대하고
나는 부끄러움이라도
나의 가치는 그보다
더 위대할 수 있음에

그러니
그 말 가운데 범종소리거나
꽹과리 소리 거나

편하게 살아요

인생 그렇잖아요
세월에 업혀서 가면 되잖아요

근심 그렇잖아요
시간 타고 누워가면 가벼운 것을

걱정 그렇잖아요
꿈에 섞어 띄워 보내면 아침인 것을

욕심 그렇잖아요
물길에 띄워 풍덩 던지면 시원함을

시샘 그렇잖아요
담장 돌아서면 다 내 것인 것
내 틀 안에 있는 것을

세상에 모든 것이 그렇잖아요
다 내게서 이룬 것 내가 담아야 되는 것
그러니 편하게 살아요

호수도 아플 때 있다

누군가 던진 돌 하나로
상처 입는 상흔

바닥에 박힌 돌은 숨조차 못 쉼과
그 물 위의 파장 아래는
무서운 소용돌이로 깊이 박힌다

수면은 곧 잔잔해도
물 안에 무게는 슬프고
두려움으로 떤다

무심히 던진 돌
호수는 그저 숨죽이고
받아들이지만 원망스럽다

돌은 던지면 절대로
나오지 못한다

가뭄이 들어 물이 바닥 나도
누군가 던진 돌 건져 내지
않으면 영원한 옹이가

되는 호수

그러니 던지지 마라
그 돌
함부로

인생 그렇게 살지 마

내겐 동갑내기 동네친구가 있다
예전엔 한참 먹고살기
바쁜 그 가운데에도
모임은 활발해 얼굴 보는 일이 잦았다

그런데 세월 지나며 모임도 시들해
하던 사업도 다들 접고 나니
얼굴 보는 것도 뜸하다

길에서 우연히 마주치면
그녀가 이따금 하는 인사말
인생 그렇게 살지 마다
싫은 소리 없는 건성으로
툭 던지며 습관대로 밥값은 각자 낸다
빌딩도 여러 채인 그녀의 철칙에
웃다가 헤어져 집에 올때

난 곰곰이 생각한다
인생 그렇게 안 살면
인생 그렇게 사는 것 아닌가
우리 모두 생 그 가운데

오가며 사는 삶 아니면
무엇일까?

인생 뭐 있겠어?
되묻고 되돌려 생각하니
인생 그렇게 살지 마가 되돌아온다
다음에 그녀를 만나면
인생 답 없다 그러지 말고
죽기 전에 찐하게 밥 좀 사봐
고집스러운 철칙 한번 깨 봐야겠다

소리 품질

상대방의 언어가 달갑지 않아
일부러 핸드폰이 방해를
놓는 것도 아닌데
오늘 소리병원을 들러 진단을
받으러 가면서 많은 생각을 했다

난 살면서 듣고 싶은 것만
들으려 하는 일이 잦을 때
온전한 정신으로 바로 듣지
못했다는 것을 간혹 느꼈다

인간관계란 조금의
빈틈이 나고 헐거워지면
치고 들어오는 습성인 게 싫다

오늘 핸드폰 수리 센터에
들러 소리 품질을 점검하며 생각한다

소리의 품질개선도 가끔 하는 게
사는 길이란 걸 느껴본다

인간은 참 복잡한 것
가끔은 잘못된 글소리 품질도
호되게 서비스 받는 날이 있어야겠다

이미 사랑이었다

세상에 사랑을 해보지 않은
사람은 없으니
우리는 어떤 사랑이든
세상 태어나기 전부터
우린 사랑으로 탄생했으며
사랑으로부터 세상에 왔으니

당신도 이미 사랑으로 살고
누구도 사랑할 자격 있나니
하물며 네가 바라보는 잡풀도
나도 사랑으로 바라본 적 있었다

당신은 이미 소중한 사랑
이 세상은 전부 사랑이다
울지 마라 세상아

손

다섯 손가락에 힘이
세계를 움직이듯
짐을 들고 어깨에 힘을
지탱하는 손에 전율
부지런히 주워 담고
세우고 바로 잡고 매만져 둔다

내 마음 흐트러지기 전
벽에 심술부리는 시계추
바로 잡고

잠실벌에 높이 치솟는
재벌의 힘도 손아귀에
가해지는 만져짐

내 부엌에 배추며 무며
파 마늘도 재벌의 부 만큼
화려하다

농장에서 실장갑 끼고
놀리는 동선도 손에 감사함과

위대함과 파괴력 모든 것도
세상을 주물러 주는 손의 힘

오늘도 일터에서 밥을 버는
내 손의 위대함과 감사함으로
마지막 새끼손가락의
힘까지 다 쏟아부어 본다

가시에 찔리고

한참 익어가는 농막
작물을 캐고 따고 하다 보니
늦은 점심을 먹은 후
설거지 마치고 음식 찌꺼기
치우려고 거름망에 손을 댔다가
누군가 이전에 버린 엄나무 가시에
가운뎃손가락을 찔렸다

찔린 가시 손가락의 아픔으로
하루를 망쳤다

무심히 누군가 버린 가시에
손가락이 다치고 보니
내가 당신이 무심히
서로 찌르고 찔림이 있다는 것

누군가 무심히 행한 행위엔
남모르는 고통이 된다는 것

행복 끝에 불행이라고
불행과 행복은 한 끗 차이라 했으니

그래서 세상은 돌고 돌다는 것
찔림 끝에 새삼 거듭나기도
아픔은 어느 사이 아물고 시간은 지나가는 것
찔린 손가락으로도 온갖 게 다 지나 간 것
내가 찌른 사람에 대한 생각

행복한 건

내가 무엇이든
하고 있는 것이 있고
갈 곳이 없어도
마음을 열어 공상이 있고
하루 어떻게 보냈어도
무사히 마무리 한 시간과
작고 낮은 소소한 하루면 된다

용서의 시간

그간의 내 모든 잘못을

용서해 줄 것 같은

저 여린 연둣빛, 분홍빛, 혹은 하얀으로

다 지워 줄 부활의 은혜

갈급한 삭제, 예언의 흰 시간

노숙의 날들

하늘 이불 삼고
벤치를 요 삼고
팔 벼개 별을 세며

살면서 누군가
다녀가면 그뿐
거리의 삶이지만
기다림도 키가
자라는 것

어쩌다
어찌하다

일흔 이후

시간이 한없이 흘러
삶을 흐지부지 살아
이제 터질 대로 터져
꿰매려 애쓰지 않아도
저절로 말라서 흔적으로
남은 일평생 못한 것과
할 것만 조금 남았다

할 것이 딱히 있다 해도
살다가는 민폐만 아니면 된다

살아온 것이 다 내 욕심이었고
살아가는 것이 또 남은 민폐

일흔 이후는 남기지 말고
조금씩 비우고 홀가분하게
숲처럼 자연처럼 그림처럼

이른 이후
잊은 이후
잃은 이후
생 그 이후

까치

낮은 곳에서 높은 곳에서
목청 울리며 옳고 그름의
설법을 내놓아도
듣기 평가가 안되는 사람들
사는 게 바빠서
오가는 마음이 안 통했다

아침 세상을 깨우는
그의 목청은 날마다 설교해도
거리의 오가는 이들은 서로 딴짓하고
서로 아랑곳 않아도
끝나지 않는 설법을 외친다

게으르지 마라
오늘을 시작하라
내일은 또 다른 오늘

재림하는 사람들*

눈 내리는 밤을 견뎠다
눈이 내리고 하늘의 지붕도 땅에 온기도 없이
다 받아내는 투지 그 뜨거움 속에 재림 있다

사람이 사람다워지고 하늘이 열리고 땅이 솟아도
우린 그 길이 옳으면 그대로 간다

재림의 날이 왔다
백기 투항이 눈으로 눈으로 펄펄 흔드는 게
환상으로 보인다

*한남동 퇴진운동 케세스 군단

겨울이 왔습니다

겨울 찬바람도 들기 전에
벌써 마음엔 몸 시린 겨울 한파에
돌입되고 갈수록 빈곤한 마음에
소심한 마음을 움츠리며 지절로
마음 가난에 몸서리치게 됩니다

겉옷도 못 입은 나무 사이로
칼날에 벨 듯 동장군을 데려와
바람과 함께 사지를 스치며
가끔은 서리꽃을 피워 상고대로
고문을 하는 겨울은 참으로
냉정한 것입니다

누군가 추위에 떨며 손을 내밀 때
따뜻이 잡아 주는 때가 겨울 같습니다

그런데 나도 어떤 시인도 세상이
싫었나 많이 움츠린 시를 씁니다
사는 것은 이런 때도 저런 때도
있으니 그 변화무상함 때문에
사는 게 아닐까 싶습니다

날마다 상처가 날 키웁니다

당신의 상처를 듣고 내 상처가
된 적 있어 잠 못 이뤘고

내 상처를 들려주고
당신이 상처를 보듬고
잠 못 이뤘을 것입니다

우린 태초 어미의 생살을 찢고
세상에 태어나고 지금 아린芽鱗에
싸여있는 나무의 싹눈이 그것을 찢고
태어남을 봅니다

우린 언제나 상처를 받고 건네면서 삽니다

그러니 상처에겐 죄가 없습니다
세상 모두 원죄의 상처 가운데
성장히는 길이기 때문입니다

산 날이 너무 많아 기억이 없다 하고
살아 갈 날이 너무 오래 남아
생각하지 않으려 함입니다

맨발 걷기 하면서

집 앞 자그마한 언덕이
버려진 채 아무렇게 우거져있다

그곳이 지역주민을
위한 운동 공원을 계획했다가 지자체
단체장이 바뀌면서 없던 것으로 되었는데

맨발 걷기가 유행하면서
한두 사람이 우거진 길목을
쓸고 다듬고 발 닦는 수도 시설을
조성해 놓아 맨발 걷기 언덕길로
알려지는 동네 한 지역이 되었다

그곳엔 무연고 무덤이 5개가 있다
그러나 누구 하나 무덤에 대해 두려워하지 않았다

아마도 오래전부터 있었던 무덤은
그곳 주인이나 마찬가지라 여겼는지
얼마 전에는 벌초까지 해서 깨끗하게
다듬어놓을 만치 그 주변을 도는 모두의
마음엔 죽어서도 함께 살아서도 함께란 걸
알아차린 듯

세상 태어날 때 우린 맨발이었고

이처럼 삶과 죽음 사이에 맨발이란
단어가 주는 메시지가 있지 않았나

걷고 있는 사람들 각자의 사연을
갖고 있음이고 좀 더 만족한 삶의
정보로 의한 멀쩡하게 꼿꼿하게
살기 위한 맨발 둘레길

무리 지어 나누는 서로의 대화 속 사정을
스쳐 지나가다 들어보면 맨발을 걸으면서
 자신만의 삶의 방법을 나누며 서로가 갖은
의식을 놓고 풀고 발을 닦고 가는 뒷모습은
올 때와 다른 만족한 얼굴을 보게 된다

동네 평지 여러 군데 황토 맨발 코너보다
곱게 다듬어지지 않은 나무뿌리와 잔돌이
거칠게 밟히는 곳을 걷는 것이 더 좋은 곳이라는데

그럼에도 난 살아가는 방법이 아직도 서툰 것처럼
걸을 때마다 발바닥이 아픈 것은 지면에서
올리는 삶의 안간힘
이 나이에도 참아내는 인내를 깨우치지 못한 탓일 것이다

시의 창

문학인들과 간 아차산
지난 선인들의 유택 탐방

여기저기 가신님들은 고요하고
현생의 사람들은 님들의 자취 찾아
그의 생애를 생각했다

망우와 용마와 애끼산의
아차산이라 이르는
산 둘레길 따라 관리구역
나눔의 은근한 알력과 경쟁에도
뱀딸기는 붉게 열매를 맺혀
부유한 창을 열어 두었고

산을 오르고 내려오는 길목
사람들과 산은 저마다의
삶의 창을 열어 서로 생을 보듬고 있었다

우린 김상용 시인의 묘비 앞에
고요히 눈을 감고 묵념을 하며
그의 시 남으로 창을 내겠소를 읊고
산을 내려 올 때 이젠 쉬이 다리에 힘이
빠지는 것처럼 갈수록 소심해지는 시의 길을 생각했다

동구릉

그 누가
저 무엄하다 하는
높은 분 길목에 서있었는가

그 곁에 어린 날은 능 위에서
미끄럼 타고 뛰기 한 곳

시대는 변하여
세계유산 입구에 서서 바라보다
재를 올려 엎드려 고개 숙인다

아랫것들이라
감히 넘보지 못한 높으신 하해와 같은
후세 와서야 지면에 눕고서 낮아진 것인지

능만이 크고 높을 뿐
왕의 근엄은 말없다
수많은 역사 거쳐 변천한 시간
가로 선 긋고 평행선으로 같아진다

인생은 그런가 한다

세상 시간 속도

별일 없이 내 사는 동네를
찬찬히 돌아본다

아파트보다
높이 낮은 집이 모여있는
연립이나 개인 주택을 돌아보다
각 집마다 대문과 외벽을 보며
각자의 개성으로 꽃과 키 크고
작은 나무가 담장에서 지나가는
사람들을 넘겨보는 것과
 대문 밖에서 바라보는 풍경이
그리고 반쯤 아무렇지 않게
열어둔 입구

아파트의 육중한 엄격함과
다른 모습에 자유와 여유 긍정을 보았는데

도시의 발전과 함께
재개발 하겠다는 것인지
플래카드가 걸렸다

조합원 아파트가 아니란 뜻으로

계약서를 쓰자는 것 같은데

다 개인의 이기적 이익과 욕심
그리고 차별을 느끼는 자격지심
그런 모습이 보였다 싶다

길목을 빠져나와 육중한 아파트 숲과
저층 개인 주택의 삶은 서로
세상 사는 속도에 동참하는 개인의
차이가 다르지만 서로 조화는 싫다니
살면서 욕심과 끝없는 갈등 속에서
헤어나지 못하는 것이 당연한 것일까

끝없이 변하는 세상 속도에 묻고 싶다

구리시에 오시걸랑

구리시에 오시걸랑
나지막한 산이 위치한
세 개의 산이 모여 아차산이라
용마봉 망우봉 애끼봉이 아차산

강남에서 건너오면 광진구
워커힐 지나오고 강북에서
넘어오면 중랑구 망우리고개
넘어 구리시라

온달장군 평강공주가 지킨
아담한 산 아랫동네가 있으니
그 아래 욕심 많은 정자가
살던 집 착한 며느리가
시어른 몰래 시주하다
스님의 언질로 홍수가 나면
뒤돌아보지 말고 산을
오르라는 날 마침내 집이
물에 잠긴 곳 전설의 고향
드라마 구리시 명소
장자못(장자호수공원)을 걸어보시라
그것도 번거롭다면 별내선 8호선이나

중앙선 전철 타고 구리역에 내려
도심 속 마트에 질려서 사는 삶 보다
사람 사는 냄새 맡아보는 그 유명한
곱창 골목에서 배 채우고
구리시 전통시장 한 바퀴 돌면
만 원짜리 한 장에 수북한
반찬거리와 장 구경에 한나절이
훌쩍 가는 것을 미리 알고 오시라

차후에 한번 더 오실라 치면
동구릉 역에서 내려
유네스코 등재된 역대 임금님
주무시는 왕릉을 둘러보면
역사 공부 비롯하여 자연 풍광
고적함과 자연생태 순한 짐승
눈요기에 천국보다 좋을 심신 될 것이며

한강 샛강 그 옛 왕이 쫓겨
궁궐 밖에서 주무셨다 가신 자리
왕숙천엔 온갖 민물고기
낚는 강태공들의 보금자리였으니
그 샛강 물새들 넘나드는 나루터 자리

지금은 봄가을 꽃 축제로
유채꽃 코스모스 만발하는 곳이 된
한강 둔치

출출할 때 한잔 넘기는
구리 농수산 횟감 찾아 주거니
받거니 하거나 새벽이면
공판장에서 그날 나오는 물건값
눈치작전 시판 소리에 상점 문 여는 소리
가득한 곳 구리 농수산 센터 아닌가

옛 교문리 낚시터 이문안
호수 앞에 구리시를 돌보는
시정업무에 바쁜 시청과 의회
그 옆 예술인을 위한 아트홀
공연이 시민의 정서 함양에 힘
쓰고 있으니

구리시를 모르시걸랑
옛 양주군에서 남양주
그 사이에 옛 교문리라 하면
행정도시 변경 구리시라 하면 아실랑가
다시 말하면
왕자의 난에 이성계가 자기
죽은 후 묻힐 곳을 찾아다니다

한숨 자고 난 곳 왕숙천 있는
자신의 묏자리를 정하고 넘어간 곳
잊을 망忘 근심 우憂 근심을 잊고 간
망우리고개 역대의 유명인사들
유택이 있는 아차산 한쪽을 접한
도시 구리시가 아닌가

그 또한 신설연장선 8호선이나
양평 용문역 가는 중앙선
전철 갈아타고 구리역으로
서울역서 201번 버스 타고 한 번에
돌다리에 내려 전통시장 싹 다 구경하고
동원서적에서 책 한 권 사고 가시면
구리시는 손안에나
가슴 안에 품게 될 것이요

그래서
구리시에 오시걸랑
도심의 찌든 심신
가벼이 내려놓고
빈 가슴 가지고 가서
또 차오르면 비우러 다시 찾아오소

사직동

유년을 살던 곳에 기억은
사직단 공원 놀이터와
치마바위를 바라본 인왕산 자락

내 어머니가 점심시간
도시락을 따끈하게 싸와
교문 앞에서 손짓했고

사직공원 윗길
활터에서 활 박히는 소리가
동요보다 좋아 하굣길엔
활촉과 함께 배꼽바위에서
종일 놀았다

내 어머니는 사직동 길을 내려가
내자동 길목에서 갈비를 구우셨다
그렇게 1970년은 나와 내 동생
외할머니 이모 삼촌을 먹여 살린
내 어머니는 사직동 기와집 마님으로
살았으니

지금 어머니는 저세상에서도

사직동 기와집이라며 간판 달고

갈비 장사하고 계시는게 틀림없다

종로거리에서

시멘트 바닥에 옹기종기 모여
누군가 뿌려준 모이를 먹는 비둘기
길가 화단에 집 나온 노숙의 여인
옛 화신백화점 터라고 적혀 있는
표지석을 바라보았다

1970년 후반 입시 공부에 매달려
방과 후 달려와 노트가 구멍 나도록 받아쓰고
야밤이 되어야 우르르 나오면 귀가 버스 타기 전쟁

이엠아이 학원도 상아탑 학원도 와이엠씨에이 학원도
피로에 쌓여 그날을 신음한 소녀시대
그때 뿌려둔 꿈이 어딘가에서 자라 늙어 있을 텐데

아니 벌써 죽어버린 꿈도 그때
이미 찾아간 꿈 일수도 또 그 꿈 잃어버려
고아로 떠돌다 그때를 못 잊어
노숙 삶으로 와 있을 수도 있지 않을까 싶다

내 청춘이 이 거리에서 헐떡거리며 입시와
싸우던 때를 까마득히 잊고 있을 즈음

2000년도 이후 거리는 지금 그때의 뽀얀 거리를
내 시야를 걷어내더니 직장인 거리로 바뀌고
점심시간이면 줄 서서 기다리며
때론 커피컵을 물고 다니는 청춘을 본다

내 머릿속의 종로엔
내 눈 안에 종로 버스 정류장에서
받은 쪽지 편지 주고 간 그 소년도 학원가
분식 센터 디제이 오빠도 가슴 두근대던 팝송도
다 오랜 시간으로 겹치고

거리나 빌딩 숲은 가슴 안으로 꽉 차 버려
시대적 과도기 안에서 숨어 살아 내고 있었음을
내가 가끔 협회 일로 종로에 나오면 툭 나와서 말 걸곤 한다

이제 흐린 기억 속 어설픈 거리요
모두가 살다 간 역사 깊은 정근과 깊은 샘이 됐다

울산역에는 기다림이 산다

막차는 멈추고 기차에서
내릴까 까치발 들었네

사람들은 우르르 내리고
온다는 사람은 기약 없이
기차는 멈추었다 떠나갔네

기차역 앞마당에 고래동상은
어미 자식 서로 보듬고 있는데
올 사람은 아니 왔는가 울산역

언양 시장 돌고 돌아
국밥 한 그릇 뜨고
그때 손 살그머니 잡으며
기차 시간 아쉬운 듯
당신의 그렁한 눈망울
찬찬히 응시하고 보낸
그 기차 시간

울산역은 상기 만날* 기다리며
기약 없는 기차는

왔다 갈 뿐 뒤돌아보지 않아

차마 신불산 아래 하늘공원에

잠들었네

*상기 만날 : 경상도 방언(아직도 맨날, 계속 맨날)
다른 방언으로 상구가 있다

무명

숱하게 계절은 바뀌고 젊음은 죽고자
살았고 살고자 죽었다네

어찌 이 땅의 희생을 욕되게 할 것일까
그 수많은 희생을 딛고 무릇
지내온 세월 욕되고 욕됨으로
부끄러움이 산적함

태양은 산의 등을 밀고
산은 태양을 받아 타버린 무의미
이 어찌 감당하리

역사는 쓰고도 또 쓰고
시 또한 쓰고도 또 쓰는 일
무명이라 해도 쓰고 남기는 일

몰랐던 날들

우리는 알지 못했습니다
오늘 한 일이 소중하고 행복이었음을

어제의 그 일도 당연함이 아니었고
힘겹게 해온 일상이 오늘 그리움이니

이렇게 당신의 그 하찮은 것이
보배로운 절실한 보물 같은 시간이었음을

당연하고 귀찮은 그 일이
당신의 거리와 내 거리가 얼마나
애틋하고 살가운 일상이었는지

점점 거리 두기 삶이 되고 보니
당연하지 않은 일상이었으며

살면서 숱하게 등 돌리며 산 것이
가깝고도 먼 앞산이었던 그 산을
넘어보면 바라보는 쪽이 또 앞산일 뿐
편견에서 벗어나지 못한 뒷산이라는 것

당연한 일상이 그리울지 미처 몰랐습니다

하루가 있다

짧지만 오늘의 일에
쏘옥 들어오는 것들이 있다

사랑하고 행복을 위해 열심히
노력하고 있는 나의 방문자
겨울보다 봄에 찾아드는
은밀한 기운

간혹 아침에 동동거리며
출근하는 사람들을 보았던 것으로
조금 가벼운 발걸음을 맞추어
전철이나 버스를 타고 무언가 골똘히
생각에 잠기는 나른한 계절

어디선가 소중한 선물이라도 안겨줄 듯
서둘러 빌딩 사이로 오고 가는 얼굴엔
새로운 시작과 용기와 희망이
할 수 있어 외침과 함께
오늘 하루가 있다

매시간 행복해 보는
때를 만나는 하루가 있다

다시 꽃 피는 날

지나고 보면 다 꽃 피는 때였다

잠시 동면에 들어 그 깊은
어둠 속에서 잠들다 또다시
피는 날이 있다는 것만도
숨이 쉬어지는 일

지면을 들썩이는 때가
멀지 않으니 좀 더 인내하는 것
살아 있음에 할 수 있는 것
존재감 없어도 존재를 꿈꾸는 일도
공기층에 비집고 있는 그 무엇의 힘
그것 때문에 없는 존재감도 숨 쉰다
곧 꽃 피는 날 온다

제 2 부

너와 나의 동백꽃

나날이 아침에 눈을 떠
계절 바뀌는 것을 본다

남쪽 섬 제주에 후두두득
내리는 핏빛이 동백 융단을 그리워하고

남동의 동백섬의 동백이
피눈물 흘리던 그 세월이 있었다 하고

서남의 선운사엔 그리운 사람이
산다고 동백 울음 운다고 했다는데

내 어머니와 내 할머니가 겨울 이불에
수놓은 자개장 안에 동백꽃을 새긴
그 마음을 엊그제 느꼈다

여자의 마음 안에 동백꽃 뜨거운
묵직한 독한 가슴으로 살아야
견딜 수 있었다는 것을

난 어린 날 기억 외에는

내 손에 내 발아래 가슴에
동백을 껴안아 본 기억이
이 나이 먹도록 없는 것 같다

그래서 이젠 가야 한다,
이 겨울이 지나가기 전에
동백이 그 시간 견딘 이유를 알았기에

다 계획이 있다

벌써 남녘엔 봄꽃 소식이고
다 계획이 있었던 것

겨울
동안거 동안 세상 시끄러움
도리질하다 보니
잊고 있던 것

오지 마라 해도
그날은 온다는 것
뭐든 오는 것

올봄도 더 예쁘고 곱게
피어 다오 풀꽃들아

우리의 봄을 막지 마십시오

세상은 만만하지 않지만
겨울은 반드시 물러가고
소 소 솔 봄바람은
짓밟힐 때마다 꿈틀댑니다

윽박과 겁박하는 찬바람에도
민초는 거칠게 누르고 밟힐수록
허리와 다리에 힘이 생겨나며
잔잔한 신음 소리에도
잠에서 깨는 잡초가 눈뜨기
시작하면 땅 밑의 투쟁처럼
밀치고 오르는 힘을 더 세게
밀어 오르는 게 봄 힘입니다

광야는 넓고 초목들은
거세게 일어나 세상을
평정할 것입니다

우리의 봄 힘을 막지 마십시오

또다시 그날이 오면 마주 봄으로 웃겠습니다

먼저 온 꽃

넌 년을 보내고 겹겹으로
뉘우침이 발아래 떨어지고
쌓이는 빙하길 끝에
점점 뽀올 쏙 고개
내미는 여린 꽃

눈에 쉬이 띄지 않아도
뒤에 오는 귀한 분
예고한 앞서가는 예언가들

백만 대군처럼
세상을 화려하게
펼친 만큼 그 과거는
무수히 결리고 아팠으니
이 일을 어쩌랴~

그 아픔을 잊고
돌아보면 다 결절이고
살펴보면 못된 울음덩이어도
세상 첫 문을 여는 귀인을
들이는 일은 고귀하고 참이로다

아름다운 풍경

어느 때보다 혹한 한파의 겨울을
이기고 굳건히 일어선 초목들

숱한 못된 해를 보았고 달을 보았고
별을 보았고 비와 바람 태풍이
대지 위의 겁박에도 참고 견뎌내더니

마침내 힘차게 대지를 뚫고
포실한 새살의 피부를 매만지기까지

인내한 힘으로 웅장한 전원교향악
퍼져 나오고 모든 것이 원대 복구
연분홍 살구꽃이 첫 입을 열고 화르르

드디어
원흉이 거치고
아름다운 풍경을 만들었다

매화

1월과 2월
경계 안에서 밖에서
밀치고 뒤엉켜
서로 쪽문 잡고
시퍼렇게 대기 중

남쪽 하늘에 한 줄 긋고
써두는 넉 자

보고 싶다

평생 한 번도 못 해본 말
때늦은 혀끝 허공 젖는 말

봄 문에 붙인 꽃눈

봄이면 된다

지난가을 난 양평 정원에
나무와 꽃나무를 겨우내
얼어 죽지 않길 바라며
모두 동여매 두었다

그리고 겨울엔 바쁘기에
살펴보지 못하기에
마음이 짠하고 궁금하다

그러나 은월마을 주민들이
알려온 카톡 사진엔
1월인 지금 최근 이상기온의 뜻인지
텃밭에 냉이가 싹이 난단다

세상이 바뀌고 내가 오래 산 것인지
세상이 순서대로 안 돌아감을
느끼는 변수의 세상이 되었다
그래도 봄이면 된다
내 봄은 늘 그곳에 꼿꼿이
지키고 내 삶같이 기다려 주면 족한다

풀꽃에게

너였다고 말 못 하겠다
너의 순수한 마음 다칠까
혼자 하는 사랑이 그리 쉽지 않다만
겨우내 쿵쿵 앓고 나니

너에게 누가 될까
지금 고백 못 하겠다
너는 그렇게 맑게 피어 깨끗하여
내 깊은 사랑은 나 혼자만 기억해주는 거로

겨우내 인내하고 불쑥 내밀어
다시 피어난 날엔 넌지시
난 너에게 가서 수줍게 고백하고 싶다

내 아픈 날은 너의 인내로 위로받는
나 혼자만의 사랑일지라도
너로부터 진한 사랑이 있어 견뎠다고

살구꽃 아래

봄바람이 불어오고
살구꽃이 피어나
나 당신을 떠올리네요

그리움이 살아 숨 쉬는 이 순간
세월이 흘러도 지울 수 없는
당신의 말간 얼굴
아직도 내 마음에 살아 숨 쉬어요

살면서 문득 아픔이 찾아오고
힘겨운 삶을 살아온 날도
살구꽃을 보며 다시금
당신의 미소 생각해요

그리움이 절절히 서성대고
살구꽃 꽃잎이 내릴 때면
나 당신을 위한 이 작은 시를 써요

그해 봄 환희 웃으며 가신 뒤
살구꽃 아래 어디에도 없는 당신을 기억해요

모처럼 봄 길

저 나무가 잠 깨고
꽃 문을 여는 길

당신 발목에도 꽃이 피고
나의 손목에 꽃향기 가득

그간의 서로 얼굴 본다는
그 평범한 날이 닫혀
온 세상이 아파했고
자연이 노한 그날 부터
한동안 눈 안에 씨만 심었다가

당신 꽃 나의 꽃 우리를 위한
꽃 피우는 우리 다정한 길
드디어 하르르르 눈과 가슴
열어젖히는 사랑이 열매 맺힐 길

우리의 봄 길에서 꽃보며
당신 꽃길 나의 꽃길 우리 봄길
우리 다시는 아프지 말자는
꽃송이마다 내 걸고 있습니다

여차 저차 진달래 피었네

먼발치 당신 오신 아차산 산모퉁이서
봄놀이 오라는 봄바람
소맷자락 끄는 신바람 난 봄은
저만치 벌써 붉혔네

오롯이 봄날은 저만치 서둘러
왔건만 세상사 나의 거리는 수만 리 머네

내게 온 제비꽃

순하디 순한 흙의 진심을 믿고
풀들의 군중 속에 오로지
보라빛 옷 한 벌 챙겨
등 한번 굽히고 부챗살 펴듯
얼굴 활짝 열면 멀리서도 눈에 든다

단숨에 눈길 집중하라며
오로지 자신의 진실한
사랑만이 진실하다고 떼쓰듯
그 누구에게도 고백하지 않은
최초의 고백

떨리는 손끝이 초점을 잡고
그 사랑의 고백을 끌어안으며
토닥여 내 사람으로 만들었다

제비꽃 보랏빛 영롱한 빛

나의 수선화

아름다운 네가
내게 피어서 내 마음에 빛을 내고
어두운 밤 하루가 천근 무게라도 한 송이
너의 서러운 몸짓 하나여도
세상을 딛고 가는 험한 곳에 웃음으로 가겠다

살면서 누구 때문에 그 어디에
고통과 역경이 찾아와도 우리 꽃피는 순간을
어제나 그제나 내일도 너의 별 닮은 별 이야기로
나의 동산에 피고 피어 온갖 생 그 한 생 같이하자

잊지 마 잊지 마
끝까지 가는 거다
너는 나의 가슴 꽃이고 나의 피돌기 꽃이다

강변의 봄

봄이 숨 쉬는 것을 확인했다

한강에 띄운 돛대는 순풍에 달리고
물밑 붕어는 물 위 세상으로 나와
벙긋 머리를 올리며

강변에 모여든 봄나들이 나온
자전거족과 걷기 운동하는
사람들이 봄 조각을 떼느라
분주하다

성수대교 입구와 응봉산
개나리는 봄 촛대를 열고
쭈뼛쭈뼛하다

봄이 이미 강변에
한동안 머물려고 살림을 풀었고
긴 여행 떠난 물새들도 다시 오니
우리도 마음의 싹이 나기 시작

세상의 모든 초년생들이 줄 서 있다

꽃 죄인

꽃나무 아래는 죄 없이
꽃초리로 뺨을 맞아도 좋다

온통 관음증에 걸려도
누구나 범죄 해도 용서된다
보려고 애쓴다 봄
꽃가지마다 흘리는 웃음에
혼절해도 좋다

죽여 준다
미쳤다

대박이다
노점상 주인들 분주한 것을
지켜보는 봄의 중심에 있는
꽃나무 아래 은밀한 소란이 있다

창포원에서

나 오랜 세월 머릿속을
정리 못해 그저 그렇게 살았네

도봉산역 아래
창포는 가득 피어
누군가 머리를 감고 갔다네

5월이면 창포물에 머리를 감듯
내 머리도 감아야 할 이유
내 은밀한 생각으로 가득 찬
뇌를 헹구어 엉킨 삶을
씻어 내고 싶은 내밀한 속내가 있었네

내 젊은 날 짬만 나면
망월사 법당 법문이 죽비로 치는
도봉산에 올라갔다 내려온 길
망월사 법당에 조아려 지난 내 삶을
털어 버리려고 애쓰던 날을 보냈네

도봉역 창포원엔 창포가 그사이 가득피었네

왔다 花

끝내 세상에 왔다고 마구 선동질이다
이곳저곳에 염장 지르고 불러대고
한없이 꼬드기더니 花병날만하니
일 없다 일 없다고 자기들끼리 히죽대고
후드득 몸살 춤 나더니
여기저기 결국 花 花 소리치며 일냈네

벚꽃

나는 그대 생각에 잠겨요
강북도로를 지날 때면
윤슬이 빛나는 그댈 기억하며
차창 밖을 넌지시 바라봅니다

벚꽃 피는 날이 다가오면
나는 그대와 함께였던 추억을
떠올리며 서울숲 사슴농장
구름다리에서 마치 꽃비를
머리에 이고 햇살과 같이 온
참한 그 밀짚모자 뒷모습처럼

그 간의 내 마음을 비워내고
난 또 다른 그리움에 빠져버린
부질없던 인연을 생각지 않기로

벚꽃이 피는 그날의 기다림이
끝나고 난 뒤 한강둔치마다
그럼에도 끝나지 못한
꽃가지에서 새어나온 언어들

보고픔 한 송이

그리움 한 송이

가여움 한 송이

내 내 호흡조절 못한 심박 소리

다시 찾은 벚꽃 길

사월

사월엔 꽃이 피어도
푸르러도 억울하고
그 억울이 화나서 활짝 핀
꽃들 꽃들

사삼의 제주 유채꽃도
독립을 외친 그 피로 핀 벚꽃도

지키지 못한 그 시간 시간들
벚나무 꽃 필 무렵
어린 꽃 바다로 가고
맨발로 걸어 맨발로 걸어
꽃가지에 앉아
내력을 묻는 통한의 사월

모두가 사랑할 때
이별하는 낮은 사람

모두가 활짝 웃을 때
봉분에 누워 있는 사람

모두가 기뻐서 손뼉 칠 때
높은 산 언덕 절벽에 있던 사람

모두가 좋은 날 힘껏 달릴 때
깊은 바다에 들어 고요한 사람

그리움이 죄스러운 사월
내 어머니도
어쩌자고 곁에 안 계시는지
왜 하필 꽃은 지천에 피는데

우리 그러더라도 꽃 하자

꽃이 지천
머잖아 이 꽃들
매시간 행복이다

또 지고 난 후
서로서로
너이고 나이겠지

우리 꽃으로 왔다
꽃으로 가더라도
행복해야 한다

불두화

늦은 봄 불임의 꽃이 피어나네
너의 모습을 담아 내 마음 안에
봄빛의 하얀 그대 얼굴
소담스러운 꽃을 보나니

밤사이 이슬이 묻어난
연푸르고 뽀얀 얼굴 보았네

그대여, 내 기다림은 언제나
그대를 향한 벌과 나비 맴돌 듯
속울음 우는 꽃노래
하얀 당신

무소유를 꿈꾸다 세상을 눈가림하는
불임은 결국 후대는 가지로 뿌리로
눈속임이 되었는가
탱화 곁에 수줍은 그 꽃

이른 아침 양평

마당에 모여든 참새, 때까치 소리와 산비둘기
닭 울음소리로 대신하는 시간
해는 중천에 뜨고 마당가 엔 과실나무 아래
후드득 떨어진 검붉은 오디 열매 가득 입술에 바르고
보혈의 사함으로 은혜를 받을 때쯤
청청한 매실 열매는 흙바닥에 뒹굴며
청춘을 벗어나고 있었네

옛 외갓집 담에 기댄 앵두꽃도
그날도 간밤 비바람에 내 그리움
무게 만큼 뚝뚝 떨어졌었지

순간 어찌 되었는지
나와 다른 영혼 안에 둥둥 뜨더니
내 그리운 님을 만나 그간에 서운하고
미움을 용서하여 달라 반복 더듬대었다가
이른 잠에서 깨어 여명이 뜨는 시간
목구멍이 답답하여
서둘러 물 한 컵을 들이켜고 마당을 돌아보았네

그제야 지하수 물에 얼굴을 씻어 수건 한 장 걸치고
거울 앞에 앉아 몇 개의 골패인 골짜기를 보자니

그간 뭐 했는데 헛 세월 보낸
엄살둥이 허황된 삶의 영혼
문뜩 지병처럼 찾아왔는가 했는데
앞 논에 왜가리 날 때 함께 물러갔네
그 새벽 가슴에 맺힌 가신님
그리움의 신호에 아팠네

5월이네

비가 오는가 하더니
산등선도 도포 자락을
끌고 내내 걷어낸
미련을 지우고 나니

새들도 지난 것을
잊으려는 듯
하늘도 무심해지고
이젠 슬픔만 있을 수
없다는 듯 기리고 기린
가버린 사람에 대한
예법인지라 잔뜩 흐리네

그립다고 해서야
오지 않을 사람들
그냥 바라보고 마는 것인지

누군가 펑펑 울고 난후
그런 멍 때리는 날

가는 곳마다
장미가 서둘러 피었네

꽃 이별 그 속도전

광장엔 사람들이 오가고
시계탑 아래엔 오랫동안
기다린 나의 연정이 노숙하고
있었다

청량리 시계탑은 온 데 간 데
없고 낯선 이들만 떠돌다
등을 밀고 뛰어갔다

기차가 급히 출발한 후
서둘러 오른 성곽 아래
키 큰 나무의 꽃도 버얼~써 이별

그 헤어짐의 시간
허공에 떠돈 아쉬운 꽃말
더듬대고 목멘 언어들

꽃, 내게 남을 사랑

지하철을 탔습니다
어느 만큼 가다 보니
철교를 지나고 있었습니다

그런 후 저문 강 위에 전철 철교를
지나며 멀리 꽃 무리를 보았습니다

강물에 떠 있는 꽃잎에
마음 뺏겼습니다

문뜩
못내 꽃 피움도 못내 낙화도
다 내게서 너에게로 흘러감은
봄이라는 것이 잠깐 머문
그 가슴에 북을 치는 일이고
눈에 물기둥을 치올리는 일이라는 것인가 싶었습니다

그 꽃잎에 먼 이국 세상의
희열을 꿈꾸듯 가뿐히 올린 공중부양같이

또 꽃 터널을 지나면서 목이 터져라

부르는 오페라 주인공 솔로곡의 핏발이 서는
3단 옥타브 빼 올려가며 지면으로 내리는 꽃잎이
밀려갔다 밀려와 절정을 지금 이루는 것에 취했습니다

되돌아 생각하니
사랑이 서툴러 미안했고
사랑이 미련해 죄스럽고
사랑할 줄 몰라 원망받은 날 숱하게 지나왔습니다
그렇다고 사랑을 할 줄 몰라
멍청하게 산 것을 어쩔 것인가,
다 내가 만든 꽃이고 내가 본 사랑이 전부로 살아왔으니
그렇게 일생 나름 살아 저 꽃이 내 꽃이고
내가 본 못나고 몹쓸 꽃이어도 사랑이라 하겠습니다

이명

오랜 시간 그와의 인연
끝나고 싶어도 깊이 뿌리 박힌
민들레의 일편단심
평생 벗 삼아 살아가는 일이
가끔 고통

한때는 세상을 한없이
놀이판 뺑뺑이 판이고
한때는 소음을 꽉 채워
가까이 있어도 먼
고막 울림차단
민들레는 소리 없이
피는 것인지

귀울림 소리통은
머릿속 가득 채워
세상 헛소리 듣지 마라하네

꽃씨

난 진작에 싱싱한 꽃이었다는 것
꽃을 피우고 향기를 내던 내 청춘에
싱그러웠던 꽃

그러더니 지금 봄볕도 질리는
지는 꽃이 되어가고
어느 날 누가 시키지 않아도
흙에 재어진 씨앗이더니
꽃이 되려고 꿈꾸는 한없는 욕망

오늘 텃밭에
꽃씨는 꽃이 되고자
햇살이불을 덮고 꿈꾼다

다시 꽃을 피운다면 지금보다
진정성 있는 향기를 가진
세상에서 제일 아름다운 꽃으로
그렇게 살다 다시 새로워진 꽃씨로 돌아가리

제 3 부

풀꽃의 기억

멀리 보이는 구름 길
젖은 지붕 위로 스쳐 가고
기다리다 지친 시간만큼
꺾인 풀의 진물이 아픔에서

아물기까지 치료제를
바르고 나면

그 시간을 견디어 우뚝 큰 만큼
시간은 지나가 주던 안쓰러움과
그 일이 닥쳐왔던 거친 비바람

너에게도 그랬을 것이요
나에게도 그랬으니 아문
상처만큼 긴 날이 대견함이다

다신 절망하지 말고
다신 원망하지 말며
아무는 상처만큼 다신
뒤돌아보지 말자

그렇게 사는 것이
나를 너를 살리는 풀꽃의 기억이다

The Memory of Wildflowers
〈풀꽃의 기억〉 영문 번역시

Far away, the path of clouds
brushes past the wet roof.
As long as the weary hours of waiting,
the sap of broken grass aches

until a healing balm
is gently laid upon it.

Enduring that time, standing tall,
even the pity time once carried,
even the fierce storm that struck—

they must have come to you as well,
as they did to me.
So every scar that has closed,
every long day that endured,
 is something to be proud of.

Never despair again,
never resent again.
With each healed wound,
let us never look back.

For living this way
is what keeps you and me alive
the memory of wildflowers.

당신인가

인기척이 낯설어 내다본 곳

노랗게 밀려드는 꽃물 들인 들길
어느 사람이 버려두고 간 길인지

들길 가득 금계국 슬퍼지고
저어기에서 여기까지
기울인 줄 맞춘
노란 손수건에 피고 지고

당신인가,
까치발 들 때
눈주름이 몇 겹 와르르
쏟아지는 들길 순식간에
노랗게 여위어 버렸네

수레국화

신은 말했다
너를 치료할 약은
너의 곁에 있느니 상처받지 마라

반은 사람이요 반은 말이니
누군가 혁명을 일으켜
신께 도전하다 상처를
치유받아 온전함 받았느니

너의 먼 옛날이 이곳에
당도함으로 세상을 곱고
진귀하도록 향과
혀끝에 살아 있는 내력 함은

하늘 닮은 신의 명을 받아
나의 뼈아픈 전쟁 속의 마음도
치유하여 철저히 세워 주며
고달프고 슬픈 그리움의 뜰과 언덕을
용감히 지금을 파랗게 끌고 가는 길이구나

작약꽃

나 오늘도
모퉁이 카페에 앉아 있습니다

카페 정원 마당에 핀
탐스러운 한 송이를
한 방향으로 바라보면서

사랑은 언제나 붉은 꽃송이
애틋이 피워 내는 일에
대해 생각했습니다

작약꽃이 피는 날은
여름이 오는 소식
그리움도 비처럼 내리는
꽃송이에도 행복함이
그득해서 가만가만한 시간
어딘가에서 들려오는
자갸 자갸 부르는 빗방울에
탐스러운 작약꽃 송이송이
부딪는 간지러운 소리

늦여름 고개 숙이는

꽃송이가 될 때까지

묵묵히 떠 올린 그 한 사람

작약꽃 진 묵직한 그 빈자리

카네이션 그 꽃

어린 날 학교에서

빨간 색종이 조몰락거리며 정성 다하는
나의 어머니 나의 아버지 가슴의 그 꽃

납작한 가슴과 봉긋한 가슴에
하루 종일 매달려 신이 나고 자랑스러운 그 꽃

느린 걸음 어머니 닮아가고
더듬대던 아버지 닮아가는
그 꽃은 붉어서 어리어리한데
나는 여기에 있고
엄마 아빠는 이제 안 계시네
그 꽃을 살 일도 만들 일도 없어진 하루…

내 가슴에 어느 사이 달게 된 고사린 손에 들린
그때 그 꽃

여름날 표정

어느 사이 나의 나무
흰 구름 불러 내 잠시 바람의 부재를
스스로 달래 가며 지탱함을 보았습니다

멀리서 줌을 당겨 손을 뻗어
쓰담 쓰담하는 하루입니다

칠 년을 기다린 목숨은
나무에 붙어 목울대를 뽑아 허공에
갈라대며 귀 옆에서 이명을 조롱하고

세금 납부 날짜 지난 하루가
총총거린 하늘 구름은 이곳저곳
바쁘게 얼굴 내민 하루

내내 바람에 시달렸던
체육관 정원 깃대에
태극기는 무더위에 지친 듯
시체처럼 깃대봉에 납작 붙어 있습니다

여름은 성업 중 간판을
내걸고 손님 들랑거리는 길목마다
흐느적거리고 끈적이는 대지

푹푹 삶아내며 뽀글거리는 온천탕

그 마당이 환하네

크게 웃는 키다리

그 웃음 좀처럼
내주지 않던 탐스러운 꽃
당신 모습이었어

접시꽃 피던 날
온 세상을 환하게 밝히는 그날
위를 반을 잘라내고도
정원 테이블 가득 차린 만찬으로
씩씩하게 초대한 접시꽃 핀 마당

초여름 키가 한없이 자라
싹둑 중간쯤 잘라내고도
붉고 강렬한 꽃 피워 준
반듯하고 꼿꼿한 당신

*양평 은월마을에서 우리 농막 아랫집 부천댁 사모님이 위암 수술하고,
항암치료 끝내고, 점심상 초대한 만찬장 옆에 핀 접시꽃.
그녀는 씩씩했습니다.

외침

너의 몇 년이
온 세상 들썩

이곳이 너의
칠 년을 받아주는 곳

운다 운다 매미

맘껏 누리다
가거라
온 힘을 다해
외쳐라

그리 살다 가서
전해다오
그런대로 잘 살고 있더라고

거기까지였다

다듬어 놓은 가을걷이
텃밭을 떠나 주방에 도착한
열무 단이 오늘따라 유난히 소란 스럽다

소금에 절여지는 동안
자기들의 수고에 열변을 토하며
어떻게 숨 쉬었느니
어떻게 먹고 마시고
잠자리가 어땠다는 등 아우성이다

그러하긴 하다 간혹 새벽에
곤충과 짐승들이 내지르고 간
배설물을 먹기도 하고
농부가 한눈판 사이에
바람이 팔목을 잘라가고
한낮에 갑자기 비라도 방문하면
괜스레 투정하듯 퍼붓고 간다고
하소연하는 소리는 귀가 따갑다

그러나 결국에 소금물에 절여져
고춧가루와 마늘에 갖은양념에

뒤범벅되는 세상 속에 뒤엉켜
누군가의 배 속을 채울 운명

유명을 달리하셨다는 게
바로 이거구나!
열무의 운명은 거기까지
결국엔

소음

비는 개었지만 그동안
대지에 밀린 이자를 주면서도
훈계를 듣듯 희뿌옇게 오만상

푸른 숲에 텃새마저
이곳에서 저곳으로 휘휘 돌며
시선을 혼란시킨 수런한 하루

오후를 훌쩍 넘긴
해 기운 그림자 길어진
시간을 보내고

신축 아파트 공사장도
매미 그 경계도 온종일
고막을 두드리더니
하루를 낮게 접어낸다

첫 울음을 우는 매미는
아직 단원들이 채워지지 않아
소극장 연주

당신과 나의 사이에도
적절한 소리의 경계가 있어야 한다

여름의 끝

아직은 줄기차게 끈을
놓지 않는 지루하고
힘겨운 여름인데
매미 울음은 연신
내 맴이야

나무 사이로
새들도 한 번씩
몸을 털고 잎사귀
사이로 웃음 한번
흘려보내고

하늘에 쪽창을 내는
그늘 밑엔 한 뼘씩
끌고 가는 햇살이
가끔 흔드는
바람과 거리
모르는 척
전기의 경계

한 번씩 늘어가는 나이테
대책 없는 거미줄에 걸린
온갖 것이 가엾게 잡혀
속을 훑어내는 냉가슴

내 속에 너를 두고

한여름 아슴아슴 익어가며
아침저녁 갈색빛 모래 그림자 위로
외딴섬 빈 배 매어둔 계절이 허허롭게
오간 고요를 소란 속에 꺼내놓고

그놈의 파도는 내 마음을 찢어서
한나절 너덜너덜한 천 쪼가리 돌섬에 척
얹었다 내쳤다가 둘둘 말아
통째 그렇게 왔다 가네

저무는 갈매기와 수평선
뒤돌아오는 길고 긴 한숨은
하얀 거품 달려오는 선연한 바위섬

모래 위를 달리는 파도를 몰았다가 부려 두는
돌아온 길목엔 문뜩 너를 내 속에 다시 두고
쏴아아 몸에 감는다

찔레꽃이 핀 이유

찔레꽃이 하얀 날
어머니는 초여름 맞이
곱게 넣어둔 옷가지 내어
씻어 말려 풀무질을 했다

땅도 나무도 꽃도 세상을 열고
점점 험한 길엔 자기만의 무장을 하고
내가 모르는 일로 분주했다

세상에 첫 꽃들이 알록달록 왔다가 가고
초여름을 여는 하얗게 피던 아까시 꽃도
그리고 찔레꽃이 가시를 달고 피어날 때
그때 알았다

찔레꽃

해남 땅끝마을 둑길
손 꼭 잡고 건너 마을 마실 길엔
찔레꽃이 한참 피어
초여름의 향내가 그득하고

어린 마음 분리 불안으로
그리움이 어디까지 닿아 들어차도
할머니 뽀얀 모시적삼 까실한
손목 스침 찔레꽃 속 가시보다
좋았던 날

찔레꽃 속 안의 가시는
아담하고 소복하다

내 어린 날 기억만 하고 사는
나도 가끔 철없이 가시를
내포하고 있음이다

찔레꽃 여기저기 피면
어느 늙은 가수의 노랫가락이
서글퍼 하얗게 꽃잎 떨구고

어느 옛 가수의 노래는 꽃불 킨
남쪽나라 고향이 그립다는
타향살이 눈물짓는다 했는데

다정한 나의 할머님의
찔레꽃 그윽한 눈웃음과
하얗고 말간 음성이 더 그리운 것
오메오메 －내 새끼 오냐오냐

초여름 가는 곳마다 찔레꽃 그리움 손짓한다

선유도

오래전 당신이 먼저 살다 가셨다는
장자도 구름다리 돌아 근거리 선유도
유람선은 등대 허리 감싸고 이미 이별의 노래
두고 가심을 알았습니다

아무 연고도 없는 섬
파도 손을 잡아다 등대에 매어 두고
당신이 기다려 줄 곳이라 여기며
모래사장에서 목전까지 차오르는
원인 모를 그리움으로 작고 큰 섬까지
밀려갔다 포말을 긋고 올 때까지 뻘뻘기는 맨발은
선유도 바닷가 모래밭에 당신 이름만 석자 묻어두며
나는 작디작은 소리로
당신의 미완성 곡에 가사를 붙여 부르다가
간혹 갈매기 따라나선 음률이 되돌아올 때
존재를 숨긴 곡조로 털썩 주저앉아 괜히 울먹였습니다

망주봉 올라 선 쌍봉 꼭대기 마주 보는 선유봉
휘돌아 모래밭에 머리 맞댄 한 쌍 다닥다닥 굴 밭에 앉아
바쁜 고개 올리고 내리는 갈매기 사랑 한입 간절 한입
금방 터질 듯 부푼 뭉게구름

선유도는 인연 없는 나와 당신이 언젠가 우연처럼 만나
서로 그리움을 맞대고 뜨겁게 삶을 끌어 안아야 하는 것입니다

마량포구에서

햇살이 가슴 훔친 그런 날
어떤 이의 사랑이 붉어서
겁먹은 듯 고요한 포구

삼국 지연 마량이라 흰 눈썹은
포구 아래 파도처럼 용맹한 전사 같고
제주와 강진 도자기와 말이 오간 흔적

벽화가 그려진 포구 상가에서
그림을 허락도 없이 숨겼다가
내면에 품어 온 마량포구

잠시 머물렀던 곳은
순정 같은
발랄함 같은
햇살같이
아득한 역사 그 앞바다는
선착장 뱃머리만큼 생소했다
다시 찾을 포구 강진
옛 마필馬匹 쥔 주인은 없고
등대만 홀로 기다리고 있다

*강진 마량포구 : 고려시대때 강진만 일대가 청자 굽는 곳이라 개성까지 실어 나르는 곳. 조선시대엔 제주에서 말을 배에 싣고와 내려 먹이을 먹였던 곳이라 마량이라는 지명이 유래 되었다.

그 바다는 무어라 하는지

계절을 재촉하는
비가 촉촉이 내립니다

국민은 각자의 삶에서
서로 나눠 먹고 생존을 위해
죽을 둥 살 둥 살고 있고

동해야
독도야
너희는 의붓자식이냐
참으로 가엾기까지

바다에 사는 목숨들
거두어 생명 연장인데
그마저도 두렵게 하는구나

누구는 염려 없다 하고
누구는 우려스럽다 하니
당장 시장 좌판에 누워 있는 생선
싹쓸이 다녀가는 사람들
현실은 두렵고 미래는 암울한 이 시간

*2023. 8월 일본은 후쿠시마에서 핵폐기물 버린다하고 지도표기는 일본해라 하는 때.

곡우

딱따구리 집짓기 시작하고
텃밭 녹여내는 따뜻한 햇살
빗방울 하나 작은 나뭇가지
깨우는 소리
끝없이 뻗어나가는 새싹들 전신운동

반듯한 모판 개구리 합창 소리
온통 평정하는 전원 무럭무럭 키우고
찬찬히 내린 이슬 밥 먹여 이른 동 틔인

푸르른 들과 산 온 세상 깨워서 한낮
허리 폈다 고개 드는 분주한 날

고구마 순의 하소연

텃밭에 농부의 손길로
정성을 쏟아붓던
두덩에 고구마 순
다리를 뻗고 뻗으며
여름 내내 씨알을 키운
생명을 멧돼지에게
자식을 다 내주고 나니

고구마 순도
그 부역자로부터 부끄러운
속살마저 까발리면서
버티다 보면 갖은 가설을
당하고 욕설을 당한다

채 모양도 못 갖춘 새끼 잃은
설움도 억울한데

노동자들의 노동 댓가에
찬물 끼얹고 삶의 터전마저
빼앗기는 억울한 세상이 그곳에도 있다

늦 수박

다들 커서 제구실 했는데
이제야 세상 알고 나와
언제 크노

어린 날 어르신 말씀
언제 커서 시집 갈레

어느 사이 손녀에게
언제 커서 시집 갈레

저 수박 크는 일은
내가 네가 하는 일
아니어서
땅과 하늘 뜻에 달려
어제 비 오고 낼 햇볕에
살며시 크는 늦둥이

서녘 하늘 붉게 타고

하루를 다 써먹고
한나절 매미는 온종일
고함치는 날 계속

힘차게 떠들던
목청에 기름 칠 안된
닫힌 창인 양 잠깐씩 여닫는
베란다 문을 열 때마다
쉰 소리와 잡소리가 들린다

뜨겁게 삶아
푹푹 익은 지면 위에 서 있던
나무들의 퇴근 준비운동
오른발 왼발 들썩이며
하루를 털어 내는 동안
가벼이 손잡은 그늘

고된 여름 한 낮은
서녘 아차산 산마루에 걸렸다가
이 시간 몸 식히려
서로서로 챙기는 귀갓길 부산하다

그렇지

견디고 산다는 것도

함께라는 위안있어

참아낸다는 것이다

한쪽 날개

병실 밖은 온통 화사했다

엄살 부리며 몸부림친
날 비웃듯 나의 목에 앉아있던
나비 날개 한쪽이 떨어졌다

어둡고 비좁은
터널 밖으로 내미는
심장 하나 선혈이 자욱하고

신의 특명을 받고 그날
세상에 꽃으로 태어나야 하는
운명처럼 장미는 온통 피었다

해마다 내 갑상선에 살던
나비는 장미 정원에서
한쪽 날개 퍼덕이며 남은 생 산다

아슬아슬한 승부

학창 시절 가을 운동회 때
오래 달리기에 참여했다

마지막 꼴인 점 몇 미터 앞두고
친구와 앞서거니 뒤서거니
달려 마지막 테이프 앞에
난 턱을 먼저 댔다

환호의 소리가 들렸다
간발의 차이로 승부가 났다
간발의 차에 인생이 바뀔 때도 있다

감꽃 떨어지는 순간
모두가 숨죽이던 여름날
장독대는 아슬 아슬했다

빗자루의 내력

싸리꽃이 피려고 합니다

한강 변 둑길
그 싸리꽃이
외갓집 담장 곁에서
예쁘게 살던

어느 날 싸리비가 되어
마당을 쓸고 있었던
그 싸리꽃

사랑은 비를 타고

노란 우산 하나
하얀 블라우스 빨간 립스틱
초록 치마 입은 그 세상들

뱅그르르 도는 빗방울 장단
귓가의 그 모던 보이 탭댄스 추는
땅에 닿는 왠지 싫지 않은 빗소리

숲

언제 이렇게
밀림이 되었나

난 이때부터 저 숲이
무섭습니다

저 숲의 세력 불리기처럼
우리의 삶에도 이러저러한
뭉침을 보면 좋은 것도 있지만
불합리한 세력은 거부감 듭니다

날마다 보이는 저 숲을 보면서
사람과 사람 사이도
턱없이 골져 보입니다

제 4 부

그리움의 깊이는 갈수록

늘 바라보고 살던 그 나무
항상 지키고 있던 그 담장

당신이 보았던 가을날 감나무
내가 보았던 계절과 계절마다
같은 곳 그 자리는 여전히 그대로인데

당신과의 거리 점점 시간이
차곡차곡 쌓임과 한 칸씩 물러서 있음에
이젠 너무 먼 곳 하늘공원

갈수록 그리움의 깊이가 무거워 가고
추모관 앞에도 그 마당 감나무에도
그리움이 빨갛게 익어 들어
보고자 하는 살아생전 그대로 모습인양

왔느냐 내 생각 말고 다복다복 잘 살아라
등에 손을 대고 반기다 웃어주신다
그랬어 언제나 그랬어

이별도 외설하고

가을의 끝자락

엇갈리는 만남과 이별

어이 철쭉은 꽃을 피워

뜬금없는 계절 혼돈

타이밍이 안 맞는

이토록 계절 아쉬움

사람의 길보다 더하누나

모든 것은 순간

아침의 모든 사물과의 동행 길은
가을 품에서 더 빛나는 아침의
안개와 내 생각 속에 피어
해가 중천에 차고 오를 때
더 찬란해지는 듯하다

살아가는 것은 안갯속이라 해도
안개는 잠시 머물 뿐 걷히기 마련

깊어지고 깊어 가는

깊어 가는 계절 단계를 높이는 단풍
앞산 오색 나무 사이로 바삐 오가는 능선 따라
앞다투어 산과 들은 색 색 잔치 중이다

검불이 햇살을 등에 업고 피어나
살며시 다리를 가지런히 접고
얼굴을 올려 생각에 잠긴 날

앞마당에 매어둔 집 지키는
개는 귀가하지 않은 식구를
기다릴 때 나뭇잎 떨어지는 소리
화들짝 설문 밖을 내다보며
바람이 젖혀주는 방문은 열릴 때마다
문과 문 사이로 보이는 인기척에
컹 컹 짖는 소리

저녁나절 집마다 피어오르는 연기 따라
온통 가을로 끝없이 올라가는 산등성은
불타다 끝내 저 혼자 겨운
찬바람과 냉 서리에 지치고 마는

내 청춘이 피어오를 때 오지 않은 사람을 기다리는
꼭 그때처럼 붉다가 붉다가 붉히고 만 날이 된다

가을 소식

해는 시들고 서녘 하늘에 걸린 오후엔
역광이 들어 또렷한 황금들

소란스럽게 지저귐과 날갯짓
허공을 뱅뱅 돌며 축제 벌인 새떼 놀이터

무슨 이유인지
사과 꽃은
다시 또 피어 걱정을 만들고

맨드라미
벨벳 치마 예쁨 받으려 생글생글
메리골드 꽃 마당 꽃잎 향에 취하는
개미취꽃 느슨한 날

용천리 마을* 사람들은 고요한데
가을만 들썩들썩 색을 덧대고

무섭게 청청하던 나무엔
단풍이 곱게 가을 편지를 걸고
누구나 와서 한 편씩 읽어달라 합니다

*경기도 양평 은월마을 동네

가을에 보낸 편지

가을이 쓸쓸하다 해서 슬프기만 하겠는가,
만삭의 가을 저 과실에 어찌 고맙지 않을 것이며

배신하지 않는 다시 온 계절은
꼭 안고 가지 끝부터 다리목 아래
복숭아뼈까지 붉게 휘휘 둘러 설레게 하였으니
바람은 혼자 있기 싫은 낙엽의 마음
마당 한 바퀴 끌고 갔다 발밑에 모아둔다

한동안 온 세상에 베풀다 갈 마음이지만
끝없이 내주고 한 편씩 한 편씩 이별 편지
던져두면 어느 누구든 받아 둘 훗날
답장을 기다리는 긴 날

고운 잎에 연서 당신으로부터 받아보리라

가을 푸른 마당

참으로 생략을 즐기는
가끔 꼬리 끊음이 있는 맑은 하늘

흰 꼬리도 귀찮은 듯
점 하나도 말끔히 지우며
갈대 머리를 쓰다듬는 지루한 창공

자꾸만 곁에 두고
반신을 담고 푹 젖고 싶네

그러하다

옷깃에 살살 찾아드는
선득한 기운

그 범접할 수 없는 촉감이
볼을 스쳐가는 촉 그 촉 빠르게
마음을 소매치기하는 절기

청춘은 그랬다
오든지 말든지 내던져 두었고

중년은 그랬다
소소히 다가오는 일상에
꼼꼼히 챙겼고

노년은 그랬다
매사가 그리움뿐
마음은 내 곁에 두어도
새어 나가고 마는

그렇게 절기는 변함없는데
우리만 퇴화되어가는
그럴지언정 살아갑니다

견디어가며 사는 일

그곳이 견딜 만하신지
오늘도 묻고 있습니다

살면서 말씀하신 그 말
견뎌야 옛말하며 웃는다

당신은 그곳에서
잘 계신지요

이렇게 푸르다
붉다 노랗게 되는 날이
왔는데

땅 아래는 흩날리고
땅 위는 흔들리는데
만날 날이 가까운 듯하여

오늘 낙엽 밟으며 현생을
견디어가며 당신 말씀 듣습니다

천일홍은 피고 창공은 짙푸르고

시간이 지나고 때가 와야 한다

다 파헤쳐 어쩌려는 것인지
어쩌려고 꽃은 피고
어쩌려고 꽃은 지는지

너는 모르고 난 안다 하자
천일홍의 천 개 눈동자가
천만 대군보다 한 명 의로운
누군가를 기다린다

*양주시 나리공원 천일홍 축제에서

나의 가을 나무

한 계절은 가고
한 계절은 오고
나의 나무는 그대로
그 자리인데

나만 갔다 하고
왔다 합니다

사는 것이 모양만
바뀌지 나무는
꼼짝 않습니다

멀리서 손짓하고
멀리서 보듬습니다

난 그걸 압니다
한쪽이 시린 9월이 왔습니다

당신의 가을을 묻습니다

아침 해거름에 길게 뺀 그림자
잡고 노는 코스모스 향에 취한
늙은 개와 창밖 풍경 돌담 사이
비추는 햇살 보며
이 가을 무엇으로 당신은 하루 여나요

하늘에 나뭇잎 배 떠내려가는
그 곁에 구름 요람 타고 푸른빛
바라보며 이 가을 무엇을
당신은 생각하나요

저녁노을 속에 벼들이 고개 숙이고
뒷산 뻐꾸기는 계절마다
한결같이 울어도 들국화도
벌개취미꽃도 색을 더하는데
이 가을 무엇 때문에 당신은 먼 산 보나요

가을이어서 생각나고
가을이어서 하루 더 살고
가을이어서 그저 맥없는 그리움

그리고 묻고 싶은 것은
이 가을 당신은 무엇이고 싶은지
아직 오지 않은 나도 기다리는지요

당신과 나의 계절

쓸쓸한 시간이 왔습니다

긴 날, 서로의 거리를 두고
계절이 서너 번 오가며
가신 곳의 언저리마다
잎이 나고 꽃이 피고 지고,
붉은 단풍이 물들어가며
노란 잎들이 바람에 휘청이다
낙엽은 수없이 쌓여갔습니다

도심의 빌딩을 벗어나
가끔 자리가 옮겨지는 곳에서
산과 들, 강가에서 불어오는
가을바람을 맞으며 울었습니다

어느새 버려진 시간과 버려진 날들을
이제는 당연함으로 맞이할 때마다

멀지 않은 현생을 두고
갖은 무게를 비우는 날이 다가오면,

그럴 때마다

내 것을 다 내려두고 다섯 잎 단풍잎에

내 손을 포개겠다 생각했습니다

나와 당신의 지난 시간이 온통 붉고 노란

늘 변함없는 가을이었다 말하면서

물의 정원

어느 여인의 여름내
지져낸 사랑인지
황화 코스모스 핀 물의 정원
저무는 해도 감당치 못해
숨는 저녁
황화의 들
이국의 붉은 북소리

얼마나 뜨겁길래 저리도
이글이글 익어드는 선홍빛인가
여기저기 들뜬 심장마다 튀어나와
붉게 익은 가을빛

메밀꽃

수평선 밀어내며
하얗게 부서지는 물거품
뽀얀 얼굴 언뜻 언뜻 보이고

멀리 볼 우물에 걸린 달빛
하얗게 웃는 푸름한 미소

병색이 깊은 창백한 얼굴
넘실넘실 홀바람 언덕 가다말고
자꾸 돌아보고 또 돌아본다

모든 것은 순간

아침의 모든 사물과의 동행 길은

가을 품에서 더 빛나는 아침의

안개와 내 생각 속에 피어

해가 중천에 차고 오를 때

더 찬란해지는 듯하다

살아가는 것은 안갯속이라 해도

안개는 잠시 머물 뿐 걷히기 마련

배나무

4년 전에 5년생 배나무를 심어
작년 올해 결실을 보았다

그런데 매년 가을 되면 싸개 종이를
싸주면 영리하게도 새들이 종이를 찢고
반을 쪼아 먹거나 땅에 떨어트리거나
앙상한 중심부만 남겨 먹어 치우고 간다

누가 새대가리라 했던가
어느 누가 새에게 오명을 씌워
생각을 방해했는지

자연에서 얻은 것이 있으니
베풀어야 하지만 그들도 욕심이 과해
선을 넘어 머리싸움을 하게 된다

짐승과 인간이 싸우는 것은
태곳적 일이라 처도 가을만 되면
어리석게도 나눔을 넘어 성가심은 한나절 된다

모란공원에서

금빛으로 들어가는 나무들과
붉은 붓질 바른 나무들이
서로 껴안고 모란공원에서
누군가를 기다린 흔적

생을 떠나 멀리 간 그들의
둥지는 햇빛에 반사해서
춥지는 않겠다 싶은 것이
가을치곤 날씨가 참 좋다

모녀가 뒷짐 지고 저만치
빛 가운데에 걸어와서
서로 부추기고
미술 조각품 사이로
개구쟁이들이 소풍 와서 뛴다

세월을 꿰맨 잔디 위에
낙화의 시간과 조각상들
멈춘 날을 하나하나 세고 있었고

카메라를 든 손의 무게와 떨림

의욕은 점점 앞서는데

쇠락한 기운은 한없이 더디 가고

가을 햇살은 슬그머니 의지의

지렛대로 받쳐주고 있었다

*모란공원 :1966년 조성되기 시작한 남양주시 화도읍의 사설묘지이며
민주화운동 관련자가 많이 매장된 것으로 유명하다.

세상에 없는 나무

노랗게 물들 때가
그때였나
은행나무 물드는 시간
내 눈앞도 노랗게 색칠된
세상에서 노란 눈물 쏟아내고
불러보니 이미 늦어
가지 끝에는 늘 웃어도
웃지 못한 얼굴 있었다

난 그 둘레를 재고
높이를 재 보다
등을 대고 불러 본다

아빠,
아버지,

헤어지고 난 후에도
백 년이 못 되었고
닳아버린 신발에서 뿌리가 나와
뻗을 때까지 난 그 위에서
뒹굴다 보니 나무보다 더 높이
떠 오르더니 흔적이 없다

잎새에 걸린 미련들

어찌 된 지
계절은 어김없이 와버렸는데

아직도 걸음이
짧은 엉거 주춤인지

어디는 떠나고
어디는 아직도 붉거나
노란 잎 달고 미련이 가득

이별을 인식 못 한
멍청한 이의 답답 눈동자들

허공에 떠돌다 떨구어가는
계절 앞에 머뭇대는 발걸음
예외 없는 마음을 무겁게 하는 가을날

가을 빛 저녁 놀

시절은 가려 하고 난 이 자리인데
갈수록 둔한 몸 한 발짝 내밀 때 이곳저곳 곡소리
노을은 타오르고 서산은 점점 검은빛이네

또한 절기가 가고
아침과 저녁 공기가 다르니
사람과 사람의 스침도 달라지려나 보다

길마다 너도나도 또 다른 시간을 손잡고
지금은 겉옷마저 갈아입을 시간

홍시

가을날 누군가 쓰다듬는
손길이 부끄러워 얼굴 붉히다
어설퍼 어쩔 줄 모르는 낯 설움
이내
가지 끝에 위태로움이 내려 뛰어
툭 볼살 터질 땐 바닥을 치고 만다

가을 단상

가을비가 추적추적
온다고 고자질하는
거실 창

이른 아침
입김 서린 창마다
아스라이 던져둔
알 수 없는 내력을 써내는
면과 면이 서로 다툼하고

창밖에 내리는 빗소리
이 가을도 다 보내며
인생도 반 토막
파르르 떨리고
만산홍엽 나무들도
다가올 추위가 싫은 내색

가을비에
혼자 걷는 사람과
서로 손잡는 이의 뒷모습
낙엽과 함께 허물어져만 내려가고
그렇게 깊숙이 익어 간다

나도 가을처럼

이제 본격 가을이라며-
시절이 가고 나니 붉힐 일이 많아
숨길 일과 버릴 일 많다면서
세상은 부지런히 퇴고 중이라 합니다

나도 생에서 퇴고할 일이 얼마나
되는지 생각해 볼 일

그들에게 배울 일 한 없는 일
언제나 치매처럼 자고 나면 먹통
자고 나면 뻔뻔해집니다

사랑하기 위해 비워둘
자리를 마련하는 그 일
말캉한 홍시 일지
새콤한 귤일지
혼자만의 사랑에 빠져 봅니다

가을 끝자리에서

삶이 겨운 노란 눈동자
그 썩어 나는 피로를
내동지치고 자연은 모두
비우고 동면 준비
나만이 사계절 욕심껏 삽니다

은행나무가 절정이면
가을이 다 되었다는 이야기
겨울 문에 든다 합니다

반딧불

작은 몸체로 어찌 못하는
거대한 불의 앞에 맞서서
버티어 가는 천심

한 마리 두 마리 자그마한 불빛이 모여
큰 불빛이 되어 가는 작은 몸체들
작은 힘이라고 거저 보지 마라
작은 몸체들은 큰 횃불이 된다

당당하게 힘차게
반딧불 작은 몸체들의 큰 빛
그 빛은 유연하면서도 단단하다

낡고 썩은 곳 반딧불은 애당초 살 수 없는

평설

종심從心을 성찰하는 풀꽃의 시

나 호 열
(시인, 문화평론가)

당신은 이미 소중한 사람
이 세상은 전부 사랑이다
울지마라 세상아
―「이미 사랑이다」

1

은월銀月 김혜숙 시인의 시집 『풀꽃의 기억』은 『어쩌자고 꽃』(2018), 『끝내 붉음에 젖다』(2022), 『아득하고 멀도록』(2023)에 이은 네 번째 시집이다. 2013년 시단에 등장한 이후 이와 같은 시인의 부지런한 행보는 등단 이전부터 삶에 대한 궁구窮究와 시를 통한 자아실현의 의미를 모색해 온 결과물로서 의미가 깊다.

돌이켜 보면 시집 『어쩌자고 꽃』에 대해 공광규 시인은 자연주의자의 시로 규정지었고, 『끝내 붉음에 젖다』를 관통하는 의미를 '친자연적 서정과 사랑의 현장성을 당차고, 돌올하게 형상해 내었다'고 하였으며(조명제 시인), 『아득하고 멀도록』의 특징을 '21세기의 물량주의가 주도하는 이 시대를 거슬러 올라가는 거룩한 망명자의 삶의 지대에 선 인간들의 모습을 진실되게 다루고 있다'고 이충재 문학평론가는 분석한 바 있다.

이를 종합해서 지금까지의 김혜숙 시인의 시관詩觀을 요약해 본다면, 인간과 자연의 이항 대립의 조건 아래에서 인간이 속한 자연의 무위無爲를 이해하고 그러한 자연의 무위함을 자신의 삶에 이식하려는 거듭된 노력을 직관적 시법으로 구현하려고 한다는 점이다. 필자는 시집 『끝내 붉음에 젖다』 해설에서 김혜숙 시인의 시를 다음과 같이 피력했다.

우리는 시간과 공간의 굴레에서 결코 벗어날 수 없다. 김혜숙 시인은 철 따라 피는 꽃에서 생멸에 연연하지 않는 순수純粹를 배우고 자신을 둘러싼 굴레-사회라 통칭하는-를 만행卍行하면서 그 순수함이 하늘이 내린 본능에 따라가는 것임을 알게 되었다. 그리하여 그 순수함과 모든 존재에 내재하는 본능이 형이상학적인 시간에 포섭될 때 "빵이 사람이고 빵이 눈물"이라는 거룩한 선물을 기꺼이 받아드는 것이다.
─「시공時空을 꿰뚫는 생명의 길을 묻다」 부분

2

예술의 본질은 새로움(창조)에 있다. 전인미답前人未踏은 작품을 구성하는 기법이나 주제의 참신성에서 나오는 것이다. 그래서 시의 경우에 있어서도 헤아릴 수없이 많은 정의가 명멸하고, 시대의 조류에 따라 그 양상이 바뀌는 것이다. 그렇지만 '시는 은유이다'라든지, '시는 이미지다' 하는 정의는 여전히 설득력을 가지고 우리에게 수렴되는 것이다.

겉말(일상적 담화)속에 속말-상징이나 반어와 같은 장치-를 통해 시인의 메시지를 전달하는 것과 그 전달하는 메시지 또한 우리의 감각기관을 통해 전해오는 느낌-희노애락의 정서-일 것이라는 점은 부인할 수 없는 것이다. 그러나 김혜숙 시인은 정치精緻한 수사修辭보다는 직설적 어법으로 시를 꾸민다. 이는 차차 검토해볼 문제이기는 하지만 시인의 시 쓰기는 대중들을 향하여 있기보다는 시인 의식의 갱신에 있기 때문에 관찰자의 입장에 선 화자話者의 필요성을 크게 느끼지 못하는 것으로 보여진다.

한 마디로 시집 『풀꽃의 기억』 이전의 시집들은 오로지 시인 자신의 돈독한 삶을 영위하기 위한 기도문이다. 대다수의 시인들이 그러하겠지만 김혜숙 시인도 생업에 종사하는 생활인이다. 그의 시가 현학적이지 않은 까닭은 보통 사람들의 시선에서 세상을 바라보고 세상 사람들과의 조우를 통해 삶의 신고辛苦를 겪는 그의 낮은 자세에 있다.

가진 것이 많아 으스대면서도 베풀지 못하는 친구를 향해 '인생 그렇게 살지 마'(「인생 그렇게 살지마」참조)이야기 하고 싶고, '그럼에도 난 살아가는 방법이 아직 서툰 것처럼/ 걸을 때마다 발바닥이 아픈 것은 지면에서/ 울리는 삶의 안간힘/ 이 나이에도 참아내는 인내를 깨우치지 못한 탓일 것'(「맨발 걷기를 하면서」 끝 연)이라고 자신을 탓하기도 하면서 '지나고 보면 다 꽃 피는 때였다'(「다시 꽃 피는 날」 첫 연)는 깨달음을 얻기도 한다. 이런 깨달음은 추론된 의식의 발화가 아니라 모난 돌이 구르고 굴러 둥글어지듯이 생활 현장에서 마주친 사람들과의 조우에서 얻은 경험이기에 값지다.

시집 『풀꽃의 기억』에는 많은 꽃들이 등장한다. 그런데 이 꽃에 대한 시인의 관점은 단지 완상玩賞의 즐거움에 있지 않다. 다시 말해서 꽃의 아름다움을 묘사하려는 것이 아니라 꽃이 지닌 생명력을 강조하려는데 있음을 유의해야 한다는 말이다. 꽃은 생식의 활동이고, 이 생식의 활동은 그 무엇에 침윤되지 않은 순수한 생명성에 있다는 것이다. 모든 생명 그 자체에게 호오好惡, 또는 선악善惡의 잣대를 들이댈 수 없음을 시인은 깊이 인식하고 있다.

    온통 관음증에 걸려도
    누구나 범죄해도 용서된다
    보려고 애쓴다 봄
    꽃가지 마다 흘리는 웃음에
    혼절해도 좋다
   「꽃 죄인」 2연

만발하는 꽃의 절정은 새 생명을 잉태하는 축복이기에 그 광경을 바라보는 일은 아무리 바라보아도 죄가 되지 않는다. 그러고 보니 지금 우리도 살아있는 꽃이 아닌가!

우리 꽃으로 왔다
꽃으로 가더라도
행복해야 한다
-「우리 그러더라도 꽃 하자」끝연

우리도 언제가는 스러지는 꽃인데, 꽃이 되기 위하여 수많은 관습과 허욕에 오염된 세월을 맞이했다. 그래도 온 힘을 다해 핀다는 것이 얼마나 기쁜 일인가.

다시 꽃을 피운다면
진성성 있는 향기를 가진
세상에서 제일 아름다운 꽃으로
그렇게 살다 다시 새로워진 꽃씨로 돌아가리
-「꽃씨」끝연

만사에 오염되지 않는 꽃으로 다시 태어나려면 지금의 나는 어떤 존재인가를 살펴보지 않을 수 없다. 얽히고 얽힌 관계 속에서 우리는 알게 모르게 서로에게 상처를 주고 상처를 받는다. '다시 새로워진 꽃씨로 돌아가'려면 어떻게 해야할까? 지금 어떻게 살아야 할까?

당신의 상처를 듣고 내 상처가
된 적 있어 잠 못 이뤘고
내 상처를 들려주고
당신이 상처를 보듬고
잠 못 이뤘을 것입니다

우린 태초 어미의 생살을 찢고
세상에 태어나고 지금 아린 芽鱗에
싸여 있는 나무의 싹눈리 그것을 찢고
태어남을 봅니다

우린 언제나 상처를 받고 건네면서 삽니다

그러니 상처에겐 죄가 없습니다
세상 모두 원죄의 상처 가운데
성장하는 길이기 때문입니다

산 날이 너무 많아 기억이 없다하고
살아갈 날이 너무 오래 남아
생각하지 않으려 함입니다
―「날마다 상처가 나를 키웁니다」 전문

　시인은 예리한 시선으로 나와 너의 상처를 바라본다. 우리가 입으로 외치는 상생相生이 허허로운 까닭은 우리가 주고받는 상처가 일방적이 아니라는 점을 간과하고 있기 때문이다. 상처는 이미 원죄로 만인에게 주어져 있으므로 상처를 회피하거나 원망할 것이 아니라는 혜안을 역설적으로 시인은 말해주고 있는 것은 아닌가. 나의 욕심이 타인의 생활 영역을 침범할 때 주고받는 상처는 서로를 바라볼 수 있는 적절한 거리를 유지할 때만이 치유될 수 있다.

　당신과 나의 사이에도

적절한 소리의 경계가 있어야 한다
-「소음」끝연

그러나 자연의 섭리는 인간의 입장에서 볼 때 무차별한 냉정을 넘어설 때가 있다. 자연에 대한 관찰은 도시와 농촌을 번갈아 오가며 살아가는 시인의 일상에서 이루어지는 일상이기에 보다 구체적으로 시로 형상화될 수 있다.

텃밭에 농부의 손길로
정성을 쏟아붓던
두덩에 고구마순
다리를 뻗고 뻗으며
여름 내내 씨알을 키운
생명을 멧돼지에게
자식을 다 내주고나니

(중략)

노동자들의 노동댓가에
찬물 끼얹고 삶의 터전마저
빼앗기는 억울한 세상이 그곳에도 있다
-「고구마 순의 하소연」부분

고구마의 입장에서 볼 때 인간이나 멧돼지나 자신을 약탈해가는 존재일 뿐이다. 먹고 먹히는 관계-교에서는 인다라망因陀羅網으로, 이것이 있으려면 저것이 있어야한다고 말한다-는 탐욕이 자리잡지 않은 자연계自然界의 섭리이다. 또다른 국면에서는 자연계와 인간계의 불가피한 충돌도 일어난다. 시「배나무」는 다 익은 열매를 따 먹는 까치와의 불편함을 그린 시이다.

> 짐승과 인간이 싸우는 것은
> 태곳적 일이라처도 가을만 되면
> 어리석게도 나눔을 넘어 성가심은 한나절 된다
> -「배나무」끝연

생각해 보면 인간은 지구상의 최상위 포식자이다. 배나무도 과실을 얻기 위해 인공아 가미되어 이식한 것이고, 경제적 이익을 얻기 위한 행위이다. 따라서 인간의 입장에서 까치의 행동은 못마땅한 일이 될 수밖에 없다. 더 나아가 인간계人間界에서는 남의 것을 빼앗아 자신의 이욕을 채우는 일이 다반사로 일어난다. 시인도 이 억울한 세상에 어쩔 수 없이 살고 있는 사람이다. 무성한 숲으로 비유된 이 억울한 세상을 '날마다 보이는 저 숲을 보면서/ 사람과 사람 사이도/ 턱없이 골져 보'(「숲」마지막 연)인다고 술회한다.

그러나 골져보이는 사람과 사람 사이를 마냥 투쟁적으로 살아갈 수는 없는 일이다. 세상사가 험하다고 스스로 강퍅해지는 것은 바른 삶이 될 수 없기 때문이다. 그래서 시인의 시는 황량해지기 쉬운 마음 들판에 피어나는 꽃이다. 그러하기에 시집 전편에 깔린 꽃의 이야기는 심층적으로 풀꽃으로 한 생애를 살아온 시인의 고백이다.

3

　　시인은 이제 황폐해지려고 하는 자신의 영혼을 스스로 위무해야 함을 자각하게 된다. 인생의 가을에 당도했기 때문이다.

　　옷깃에 살살 찾아드는
　　선득한 기운

　　그 범접할 수 없는 촉감이
　　볼을 스쳐가는 촉 그 촉 **빠르게**
　　마음을 소매치기하는 절기

　　청춘은 그랬다
　　오든지 말든지 내던져 두었고

　　중년은 그랬다
　　소소히 다가오는 일상에
　　꼼꼼히 챙겼고

　　노년은 그랬다
　　매사가 그리움뿐
　　미음은 내 곁에 두어도
　　새어 나가고 마는

　　그렇게 절기는 변함없는데

우리만 퇴화되어가는
그럴지언정 살아갑니다
  ─「그러하다」 전문

  누구나 유추할 수 있듯이, 인생의 가을은 장년기^{壯年期}에 들어설 때부터 시작된다.

시절은 가려 하고 난 이 자리인데
갈수록 둔한 몸 한 발짝 내밀 때 이곳저곳 곡소리
노을은 타오르고 서산은 점점 검은빛이네
  ─「가을 빛 저녁 놀」 끝연

  이때부터 몸의 불편한 변화가 일어나고 심리적으로는 외로움과 그리움이 파도처럼 밀려온다. 숨가빴던 지난 날이 문득 문득 후회와 안도로 뒤바뀜하면서 자신의 삶을 되돌아보게도 된다. 심리학적으로 장년기에서 노년기로 가는 시기는 사회적 책무를 완성하는 때이다. 일반적으로 경제적 안정과 자식들의 독립이 이루어지고, 점차 자신만의 시간이 많아지는 시기이기도 하다.
  인도의 힌두교에서는 이때를 임서기^{林棲期}라고 하여 숲에 들어가 자신의 삶을 명상하고 휴식을 취하며 그 이후 자연에 생을 바치는 유랑기를 준비하는 시기로 삼는다.
  시 「그러하다」는 그 누구도 피해 갈 수 없는 삶의 여로를 바라보면서, 여생을 어떻게 살아가야 하는지에 대해 자문하고 있다. 아마 시인에게도 일흔 살이 다가오고 있는 모양이다. 논어 위정편에 공자^{孔子}가 자신의 생애를 술회한 문장이 있으니. 15살에 학문에 뜻을 두고(지학志學), 30세에 자신이 걸어가야 할 목표를 세웠으며(이립而立), 40에는 그 어떤 유혹에도 자신의 길을 걸어감에 의심을 두지 않았고(불혹不惑), 60이 되어서는 세상만사를 포용하는 귀를 얻었고(이순耳順), 70이 되어서 바로소 자연스럽게 마음 가는 대로 행동하여도 법도에 어긋남이 없었다(종심소욕불유구從心所欲不踰矩)고 하였다. 시「일흔 이후」는 바로 종심에 다다른 소회이면서 그 이후의 자신의 삶을 다짐하는 시로서 그 의미가 깊다.

    시간이 한없이 흘러
    삶을 흐지부지 살아
    이제 터질 대로 터져
    꿰매려 애쓰지 않아도
    저절로 말라서 흔적으로
    남은 일평생 못한 것과
    할 것만 조금 남았다

    할 것이 딱히 있다 해도
    살다가는 민폐만 아니면 된다

    살아온 것이 다 내 욕심이었고
    살아가는 것이 또 남은 민폐
    일흔 이후는 남기지 말고
    조금씩 비우고 홀가분하게
    숲처럼 자연처럼 그림처럼

이른 이후
잊은 이후
잃은 이후
생 그 이후
―「일흔 이후」 전문

여기에 종심에 대한 시인의 또 다른 관점을 살펴보면 오늘 이후의 삶에 대한 시인의 독특한 관점이 숨어 있음을 알 수 있다. 마지막 연의 '이른 이후'는 조바심내며 남보다 빨리 가는 것이 아닌 느림이요, '잊은 이후'는 살면서 지녔던 서운함과 아쉬움을 잊겠다는 것이며, '잃은 이후'는 모든 집착물 ― 재화와 같은 것 ― 이 사라진 공(空)의 세계를, '생 그 이후'는 늘 삶과 죽음의 아슬한 경계에 처해 있음을 자각하겠다는 것이다.

그리하여 이 글에서는 언급하지 않았던 나눔의 세계, '배냇속 부터 내린 말씀 태초의 주인이/ 내게 주신 심장박동 이처럼 잔잔히 아직도 뜀에/당신에게 주신 나눔으로 항상 감사하고 삽니다'(「오롯이 사랑하며 살겠습니다」 끝연), '세상 태어나기 전부터/ 우린 사랑으로 탄생했으며/ 사랑으로부터 세상에 나왔'(「이미 사랑이었다」 부분) 다는, 신앙에 기반을 둔 아가페적 사랑을 자아실현의 목표로 삼겠다는 의지를 표명하는 것이다.

더 나아가 김혜숙 시인은 '당신도 이미 사랑으로 살고/ 누구도 사랑할 자격 있나니/ 하물며 네가 바라보는 잡풀도/ 나도 사랑으로 바라본 적 있었다'(「이미 사랑이었다」 부분) 고 고백한다.

첫 번째 시집 『어쩌자고 꽃』에서 이번 시집 『풀꽃의 기억』까지 각 시집의 표제시는 꽃을 오브제로 삼았던 이유를 이제야 깨닫게 된다. 그 꽃들은 모두 시인의 자화상이었고, 그 꽃을 바라보는 당신의 눈빛이 아니었던가!

멀리 보이는 구름 길
젖은 지붕 위로 스쳐 가고
기다리다 지친 시간만큼
꺾인 풀의 진물이 아픔에서

아물기까지 치료제를
바르고 나면

그 시간을 견디어 우뚝 큰 만큼
시간은 지나가 주던 안쓰러움과
그 일이 닥쳐왔던 거친 비바람

너에게도 그랬을 것이요
나에게도 그랬으니 아문
상처만큼 긴 날이 대견함이다
다시 절망하지 말고
다시 원망하지 말며
아무는 상처만큼 다신
뒤돌아보지 말자

그렇게 사는 것이
나를 너를 살리는 풀꽃의 기억이다
-「풀꽃의 기억」 전문

4

   종심에 다다른 시인은 풀꽃으로 살아온 자신의 삶을 돌아보면서 새로운 세계로 나아가기를 염원한다. 아쉽게도 이 글에서 다루지 못한 시들이 많다. 필자의 관점 때문에 소개하지 못한 시들은 서정이 가득한 시편들이다. 알다시피 은월 김혜숙 시인은 시낭송가로도 멋진 활동을 펼치고 있어 시 낭송으로 널리 알리고픈 서정 가득한 시편들은 독자들께서 함께 사랑해주시기 바란다.

   끝으로 시집 『풀꽃의 기억』 이후의 시인의 시세계가 어느 방향으로 흘러갈지 예측하기는 힘들지만, 무심의 세계, 인격의 가치판단이 무화된 서사敍事가 가득한 시들이 찾아오지 않을까 하면서 애잔하면서도 섬세하게 풍경을 아름답게 수놓은 시 한 편을 내려놓는다.
   은월 김혜숙 시인의 건필을 기원한다.

수평선 밀어내며
하얗게 부서지는 물거품
뽀얀 얼굴 언뜻 언뜻 보이고

멀리 볼 우물에 걸린 달빛

하얗게 웃는 푸름한 미소

병색이 깊은 창백한 얼굴
넘실넘실 홀바람 언덕 가다말고
자꾸 돌아보고 또 돌아본다
-「메밀꽃」전문